그 자체로 충분히 빛나는

_____ 에게

_____ 가

오늘도 충분히 괜찮은 하루야

Prologue

"오늘 1년에 딱 한 번밖에 없는 시험에서 떨어졌어."
"평일엔 퇴근하고 집에 오면 너무 피곤해서 저녁만 먹고
 바로 잠드는 게 일상이야."
"비가 와서 그런지, 오늘따라 마음이 우중충해."

찬란한 햇빛이 한강 위로 사뿐히 내려앉자
윤슬이 또르르 굴러다니며 영롱한 유리구슬 소리를 냅니다.
주말 오후를 포근히 감싸 주는 5월의 햇살 아래,
사랑하는 사람과 함께 한강 공원에 앉아
반짝이는 물결을 바라보며 고요한 평화를 느껴 보세요.
고단했던 평일의 기억은 저 멀리 흘려보내고
작은 기대와 희망이 스며든 이 소중한 휴일이
오래도록 내 곁에 머물기를 바라면서요.

당신의 오늘을 어떻게 다독여 줄 수 있을까요?
오늘이 지나면 내일은 괜찮아질까요?

비가 와서 흐린 날도
결국 눈부시게 맑은 날의 일부일 뿐입니다.

그렇게 매일 긍정의 회로를 돌리다 보면
슬프고 우울한 날들보다
기쁘고 행복한 날들이 더 많이 펼쳐질 거예요.

밝은 내일이 언제든 찾아올 수 있다는 믿음,
그 믿음 하나만으로도 지친 오늘을 든든히 버틸 수 있습니다.

특별한 내일이 오지 않아도 괜찮아요.
짧은 메시지, 전화 한 통으로
당신의 마음을 다정히 어루만져 줄 사람이 있고,
저녁이면 무슨 음식을 만들지 고민하다
기대에 부풀기도 하고,
좋아하는 플레이리스트를 들으며
따뜻한 커피 한 잔과 함께
창밖 풍경을 바라보는 평온한 순간도 있잖아요.
그러니 오늘의 작은 행복들을
그저 스쳐 보내지 않았으면 해요.

산책길을 걸을 땐 청량하고 푸르른 오후의 나뭇잎 소리에
가만히 귀를 기울여 보세요.

밤이 깊어지면 창문을 활짝 열고 시원한 밤공기를 들이마시며
오늘 하루를 천천히 정리해 보고,
비가 내리는 날엔 또르르 떨어지는 빗방울에
무거웠던 마음들을 씻겨 내 보는 것도 좋겠습니다.
가장 가고 싶은 여행지를 떠올리며
오늘의 퍼즐 조각들을 차곡차곡 모아
당신만의 일상을 조금씩 끼워 맞춰 보세요.
보람찬 하루들이 모이면 어느 날 문득
윤슬처럼 반짝이는 날들이 선물처럼 다가올 테니까요.

거울에 비친 내 모습은
그 어떤 찬란한 햇살보다 더 빛나 보입니다.
하루의 끝이 오기 전,
동화처럼 펼쳐졌던 오늘을 마음속에 그려 보며
스스로를 따뜻하게 다독여 주세요.

오늘 하루, 정말 수고 많았어.
내일도 분명 오늘처럼 괜찮을 거야.

"주문하신 벚꽃 솜사탕 나왔습니다."
"솜사탕은 벚꽃 맛이에요?
벚꽃은 무슨 맛이에요?"
"아주 사랑스러운 맛이에요."

올봄에는 사랑하는 이들에게
벚꽃 솜사탕처럼 부드럽고 달콤한 마음을 건네 봐.
너의 마음에도 예쁜 봄이 피어날 거야.

향긋한 봄과 사랑을 한 스푼씩 담아
정성껏 딸기 타르트를 구웠어.
가족들과 함께 웃으며 나누어 먹으니
하루가 딸기처럼 상큼하게 물들고
마음엔 따뜻한 봄바람이 스며들었지.

손끝에 담긴 작은 정성이
그렇게 아무렇지 않던 평범한 순간을
특별한 기억으로 바꿔 주었어.

좋은 일들이 이루어지는
어여쁜 꽃들 사이를 거닐며
길에서 마주친 이웃 친구들과
반가운 인사를 나누다 보면
오늘이 참 따뜻하고 소중하게 느껴져.

"우리 다 같이 꽃길만 걷자."
오늘처럼 이 말이
잘 어울리는 날이 또 있을까?

오늘도 오후의 햇살이
활짝 웃으며 우리를 반겨 주네.

폭신폭신 따스하게 안아 주는 풀밭,
살랑살랑 이는 포근한 바람,
조곤조곤 들려오는 꽃들의 웃음소리.
그리고 부들부들 보드라운 너의 곁에 누워 있으면
마음이 한없이 평온해져.

가만히 햇살의 걸음걸이를 바라보는 이 시간,
세상은 우리만의 색으로 물들 거야.

하늘에 새겨진 무지개에서
토끼 구름들이
아름다운 무지갯빛을 세상에 선물해 주었어.

부끄러워 얼굴을 붉힌 빨간 장미,
새콤달콤한 주황빛 오렌지,
따스한 노란빛을 품은 유채꽃,
평온하게 숨 쉬는 푸릇한 잎사귀,
세상을 맑게 비추는 투명한 비눗방울,
입안 가득 톡톡 터지는 블루베리와
우아한 보랏빛을 풍기는 라벤더까지.

알록달록한 색들을 바라보니
내 기분도 토끼 구름처럼 둥둥 떠다니는 것 같아.

우리가 사는 이 세상은
이렇게나 아름다운 빛으로 가득 차 있어.

오늘은 어떤 반짝이는 순간이
나를 반겨줄지 기대돼.

퍼즐 조각을 하나씩 맞춰 가듯
머릿속에 하고 싶은 일들과
좋아하는 것들을 차근차근 떠올려 봐.

새들의 명랑한 노랫소리에
발걸음을 맞추며
오늘 하루도 행복을 따라 걸어 보자.

여기저기서 나를 향한 응원이 들려와.

다음 단계를 재촉하는 초침 소리,
지치지 않도록 방방 뛰는 노랫소리,
온기에 녹아 부딪히는 얼음 소리,
그리고 힘을 북돋아 주는 친구의 기합 소리.

때로는 게을러지고 싶을 때도 있지만
응원이 맺힌 땀방울은
다시 나를 일으켜 세워 줘.
그 힘이 오늘도 나를 움직이게 해.

여유로운 주말,
따뜻한 물을 틀고 욕조에 몸을 담근 채
무거워진 몸과 마음을 가볍게 내려놓아 봐.

마음속 깊이 쌓여 있던 회색 먼지들이
따뜻한 물결에 씻겨 내려가고
어느새 비눗방울처럼
투명하고 상쾌하게 떠오를 거야.

케이크를 한 입 베어 물면
어느새 내가 가장 가고 싶었던 그곳에
도착해 있을 거야.

생일을 함께 보내고 싶었던 친구들이
환한 얼굴로 나를 반겨 주고
우리의 웃음이
케이크처럼 달콤하게 퍼져 나가는 순간,
그 어느 때보다 기쁘고
반짝이는 생일 파티가 열리겠지.

생일을 진심으로 축하해!

오늘 하루, 네가 얼마나 소중한 사람인지
마음껏 느낄 수 있는 날이었으면 해.

잊히지 않을 따뜻한 순간들,
너를 아끼는 사람들의 진심,
그리고 사랑을 듬뿍 담은 케이크 한 조각까지.

그 모든 게 오늘의 너를
더 따뜻하고 행복하게 밝혀 주길 바라.

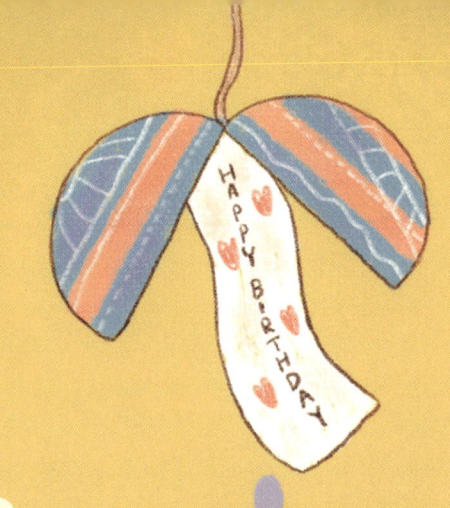

금요일이 지나고
꿀보다 더 달콤하게 찾아온 토요일.
이 시간이 조금 더 길게
내 곁에 머물다 갔으면 좋겠어.

주말과 휴일에
소중한 사람들과 함께한 순간들을
기억 속에 담고
사진으로 남기다 보면,
흩어졌던 마음들이 퍼즐처럼 맞춰지고
시간이 흐를수록
더 의미 있는 추억이 되더라.

기다리고 기다리던 주말 아침이야.
분주하게 아침밥을 먹지 않아도 되고,
급하게 가방을 찾느라 서두르지 않아도 되고,
바삐 나서지 않아도 되니까.

느지막한 아침, 온 가족이 모여
여유롭게 차 한 잔과 브런치를 먹으며
즐겁게 하루를 시작해 보자.

똘망똘망한 눈,
단추처럼 동그랗고 까만 코,
앙다문 작은 입.
나의 손길이 닿아 탄생한 새로운 친구야.

앞으로 우리는 계절의 냄새를 맡으며

매 순간을 함께할 거야.

외로운 날도, 지치는 날도

너와 함께라면 더 따뜻해지겠지.

이렇게 마음을 나눌 수 있는 친구가 있다는 건

참 행복한 일이야.

밝게 빛나는 꿈의 조각보들을 한데 모아

세상에서 가장 포근한

꿈의 나라로 안내해 주는 이불을 만들 거야.

그 이불을 꼭 끌어안고

다가올 휴일을 기대하며 깊은 잠이 들겠지.

그렇게 매일 밤,

보드라운 내 단짝 친구 곰 인형과 함께 하늘을 날며

세상 곳곳에 온기를 전하는 꿈을 꿀래.

오늘도 잘 견뎠어.
힘들었지, 이리 와.

너의 하루를
토닥토닥 조용히 안아 줄게.

그 누구보다 따스한
네 품에 꼭 맞는
나는 너의 애착 인형이야.

껴안고 있으면
마음이 몽글몽글 피어오르고
쌓였던 피로도
눈 녹듯 사라질 거야.

나는 언제나
너만을 바라보는
너의 다정한 애착 친구야.

꿈의 나라에 가면
나의 곰 인형 친구들이
꿈속으로 들어오기를 기다리고 있어.

아침이 오기 전,
새로운 하루를 시작하기 전에
내일을 더 반짝이게 해 줄
멋진 꿈을 선물해 줄게.

하얀 눈밭 위에 누워 잠들려던 순간,
꿈나라에서 마중 나온 양이
우리를 살포시 업고
따뜻한 봄의 마을로 데려가 준대.

핑크빛 꽃으로 가득한
봄의 세상을 볼 수 있다니,
설레서 좀처럼 잠이 오질 않아.

그러자 아기 양들이
포근한 구름 이불을 덮어 주며 속삭였지.

"조금만 더 푹 자고 일어나면
봄이 올 거야."

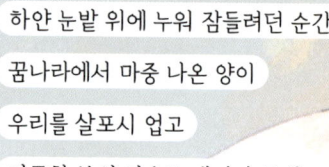

벚꽃이 흐드러지게 핀 화창한 봄날,
흩날리는 꽃잎을 모아
달콤한 과일 향이 나는 페인트로 물들였어.

네가 좋아해 줄 모습을 떠올리며
형형색색 정성껏 칠했더니
사랑스러운 너를 꼭 닮은 수국 다발이 완성되었지.

그리고 그 순간,
내 마음에도 살랑살랑 봄빛이 일었어.

푸릇푸릇한 새싹 같은 봄이 오면
언제나 두근거리고 기대돼.

수려한 봄을 수놓기 위해
꽃봉오리들은 활짝 피어나기 전
조용히 몸을 풀고,
잠에서 깨어난 새들은
푸른 하늘 위로 힘차게 날아올라.

그 풍경 속에서
나도 함께 새로 시작하는 기분이 들어.

순수하고 때 묻지 않은 하얀 수선화와
햇살이 스며든 프리지어 향기를 가득 담아
화사한 봄날을 전하러 가는 길이야.

오늘은 그냥 스쳐 지나가기엔
꽃들이 너무 눈부시게 피어났거든.
이 포근한 계절을 너에게도 꼭 건네고 싶어.

오랫동안 연락이 닿지 않아
문득 그리움이 밀려왔어.
그래서 작은 손편지에
안부 인사와 전하고 싶은 말을
꾹꾹 눌러 담았지.

'그동안 어떻게 지냈어?
내 진심 어린 마음들이
저 먼 건너편에 있는 너에게
오롯이 닿았으면 좋겠어.'

내가 쓴 소중한 한 통의 편지는
봄바람을 타고 너에게 잘 도착했을까.

따뜻한 봄날, 활짝 핀 꽃처럼
내 편지를 읽고 환하게 미소 짓는
너의 모습을 상상해 봤어.

은은한 꽃향기를 머금은
너의 답장이
우리 사이에 작은 봄이 되기를.

02

오늘도
마음껏 웃었으니까

화창한 주말 아침,
상쾌한 자연의 공기에 설레며 눈을 떠.

듣기 좋은 새들의 노랫소리,
바람에 살랑이는 나뭇잎 소리까지
모든 게 마치
행복한 휴일의 시작을 알리는 것만 같아.

자연의 소리에 귀를 기울이다 보면
나도 모르게 눈을 감게 돼.
그 푸르른 노래가 마음을 스치는 순간
입가엔 슬며시 미소가 번져.

그저 이렇게 앉아 있기만 해도
마음 깊은 곳에서부터
고요한 행복이 피어나는 것 같아.

자유분방한 도시의 소음이 아닌
마음을 편안하게 감싸주는 자연의 소리는
쉼을 찾아 헤매던 내 마음을
다정하게 어루만져 줘.

시골을 떠나 익숙한 풍경이 서서히 멀어지고

창밖에 스치는 모습이 화려해질수록

마음속엔 그리움이 차올라.

그곳에서 함께했던 평화롭고 정겨운 순간들,

느리게 흐르던 시간 속

소박하고 따뜻했던 날들이 자꾸 마음을 두드려.

눈앞의 풍경은 다채로워지지만

문득 떠오르는 건

언제나 평온했던 하루들인 것 같아.

당장 눈앞에 희망이 보이지 않아도
따뜻한 빛은 언제나 우리가 다가오기를 기다리고 있어.
그 빛을 향해
자신감을 품고 용기 있게 한 걸음 내디뎌 보자.
모두가 너의 걸음을 응원하고 있어.

편히 앉아 쉬어도 좋고,
잠시 눈을 붙여도 괜찮아.

정성껏 가꿔 온 노력과 열정은
언젠가 뜻깊은 결실이 되어
너희 얼굴에 환한 미소를 피워 낼 테니까.

그렇게 너희가 행복해하는 모습을
바라보는 것만으로도
오늘 하루가 충분히 보람차게 느껴져.

좋아하는 향을 뿌리고 자연과 어울리는 음악 리스트를 틀어 향기와 소리를 담는다.

자연의 향수를 침대 곁에 두고 가고 싶은 풍경을 상상하며 솔솔 잠이 든다.

매일 바라보던 스마트폰은 잠시 내려두고
서랍 깊은 곳에 잠들어 있던
추억의 휴대폰과 게임기를 꺼내 봐.
그 시절의 감성에 천천히 스며들다 보면
웃음 가득했던 나날이 자연스레 떠오를 거야.

그때의 눈부신 기억들을
지금 내 곁에 있는 소중한 사람들과 함께 나누고 싶어.

퇴근길, 지하철 창밖으로
한강에 비친 불빛과 도시의 빛을 바라보다 보면
문득 여러 생각이 스쳐 지나가.

빌딩 안의 누군가는 아직 일을 하고
건너편 아파트의 누군가는 따뜻한 저녁을 준비하며
오늘 하루를 어떻게 마무리할지 고민하겠지.

같은 시간, 같은 도시에서
오늘도 그렇게 각자의 하루가 흘러가고 있어.

화면 너머의 몽글몽글한 풍경을 보고 있으면
마음이 자꾸 그곳을 향해 가.

노을이 지기 직전, 핑크빛 하늘 아래
옛 필름 감성이 가득한 동네를 걸으며
두 눈에 필터를 씌우고
그 순간을 천천히 담을 수 있다면
얼마나 좋을까.

쓴맛을 잊기 위해 달달한 초콜릿을 먹는 것처럼,
쓰디쓴 기억을 지우기 위해
오늘만큼은 내 곁을 지켜 주는 사람들과
잊지 못할 달콤한 하루를 보낼 거야.

말없이 곁에 있어 주는 가족, 친구,
그리고 소중한 이들과 함께라면
마음 깊은 곳의 아픔도 사르르 녹아내리니까.

새하얗던 하늘 위로 노을이 번지고 있어.
온 세상이 파스텔 색으로 물들고
여기저기 숨어 있던 별들이
우리 이야기를 들으려는 듯 빼꼼히 고개를 내밀어.

별빛의 리듬에 맞춰 함께 춤을 추자.

어둠이 짙어져도 괜찮아.

외롭지 않도록 내가 꼭 안아 줄게.

나도 모르게 실수를 저지르면
아무것도 보이지 않고
모든 게 와르르 무너져 내리는 기분이 들어.

그래도 괜찮아.
내 곁엔 다정하게 위로해 주는 친구가 있고
그날의 즐거운 기억은
시리얼과 함께 남아 있으니까.

그럴 때마다 생각해. 완벽하지 않아도 괜찮다고.
모든 걸 잘하려 애쓰다 보면 오히려 더 자주 넘어지게 되니까.
오늘의 실수도, 어제의 고민도 애써 붙들지 말고 그냥 가볍게 흘려보내자.
지금 이 순간의 나로도 충분하다는 걸 잊지 않으면 돼.

마트에 가기 전,
메모지에 오늘 살 것들을 하나하나 적어 보았어.

저녁 메뉴를 떠올리며
설레는 마음으로 장을 보다가
맛있는 간식이 눈에 띄면
슬쩍 카트에 담는 재미도 놓칠 수 없지.

그렇게 오늘 하루의 소소한 즐거움이
장바구니 안에 차곡차곡 담겨 가.

부비부비 졸린 눈을 비비며 식탁으로 향하니
향긋한 아침 향을 머금은 샐러드가
오늘 하루를 상쾌하게 시작할 수 있도록 나를 반겨 줘.

입안 가득 퍼지는 여름 맛을 느끼며
산뜻한 마음으로 아침을 맞이해 보자.

오후엔 상쾌한 공기를 마시며
가볍게 공원을 산책하고
계절이 바뀔 때마다
옷을 갈아입는 나무를 그려.

저녁엔 땀범벅이 되도록 운동을 하고
매일 조금씩 모습을 바꾸는 하얀 달을 보며
조용히 기타를 튕기지.

반복되는 일상 속에서도
즐거운 순간은 매일매일 있어.

오늘 읽을 책 속에는
어떤 마법 같은 이야기들이 펼쳐질까.
잠시 평범한 일상에서 벗어나
상상 가득한 이야기 속으로 빠져들어 봐.

용감하게 모험을 떠나고
하늘 위로 올라 반짝이는 별들을 하나씩
이야기 보따리에 담다 보면
어느새 멋진 영감이 피어날 거야.

뜨거운 햇볕을 피해
버드나무 아래에서 낮잠을 자고
신나는 노랫소리를 들으며
바비큐 파티를 즐겨.
익숙한 풍경도
캠핑장에서 마주하면 조금씩 다르게 느껴져.
여름날의 낭만을 주고받으며
우리만의 행복한 캠핑을 즐기자.

비가 우수수 쏟아지는 장마철.
우산 위로 떨어지는 물방울 소리,
물웅덩이에서 첨벙이는 발소리,
창문을 톡톡 두드리는 빗소리를 들으면
그동안 마음에 쌓였던 무거운 일들이
빗물과 함께 조용히 씻겨 내려가는 것 같아.

여름휴가가 다가오면

해바라기처럼 나를 바라보는 너와 함께

오손도손 앉아 빨갛고 통통한 수박을 나눠 먹고

반짝이는 파도와 하나가 되어

시원하게 물살을 가르며

때로는 튜브를 타고 천천히 흘러가고 싶어.

그렇게 너와 함께하는 여름은

언제나 가장 눈부신 계절이 돼.

반짝이는 에메랄드빛 바닷속으로 들어가
작고 화려한 물고기들과 인사를 나눠.
코코넛 야자나무 그늘 아래
촉촉해진 모래 위에 누워 보기도 하고
모래성을 쌓아 만든 우리만의 비밀 장소에서
너희와 도란도란 이야기를 나누는 이 순간,
문득 꿈에 그리던 낭만의 섬에
다다른 듯한 기분이 들어.

해가 질 무렵,
붉은 노을을 등지고
너와 함께 기쁨의 세레나데에 맞춰
춤을 출 거야.

파도도, 야자수도, 모래알도
우쿨렐레 연주에 맞춰
살랑살랑 몸을 흔들어.

지금 이 순간만큼은
행복을 숨기지 않아도 돼.

유난히 푸르른 어느 여름날, 하늘에서 별똥별이 떨어졌나 봐.
우리는 여기저기 흩뿌려진 별들을 품에 가득 안았지.

소중히 모은 별들을 대포 안에 담아 발사하면, 펑!
어둑한 밤하늘에 화려한 불꽃 자수들이 수놓아졌어.

너를 향한 내 마음의 불빛이 환한 미소와 함께

언제나 너의 밤을 밝혀 줄 거야.

기다림에 부응하듯
올해도 빨갛고 탐스러운 사과가 주렁주렁 열렸어.

갖은 방해물과 비구름을 견디느라
열이 올라 더 붉어진 걸까.

무수한 시간들을 이겨 내고
소담스럽게 익은 사과를 한 아름 담아
돌아가는 길은 언제나 설레어.

손수 따 온 사과는
엄마의 마술로 꿀처럼 달콤한 파이가 되었어.

친구들과 둥글게 둘러앉아
도란도란 이야기꽃을 피우며
파이를 한입 가득 베어 물었더니
마음속 깊은 곳까지 행복이 번져 가.

목적지에 가까워질수록
설레고 두근거리는 마음을 감출 수 없어.

사진으로만 보던 풍경이
직접 눈앞에 펼쳐지는 그 순간
어떤 감정이 밀려올지 늘 궁금하거든.

푸르른 나무들 사이로
빨간 지붕의 집들이 옹기종기 모여 있어.
마치 아름다운 마을이 펼쳐진
동화 속 한 장면에 들어온 것 같아.

달콤한 디저트와 향긋한 차를 마시며
읽으면 읽을수록
미소가 번지고 마음이 따뜻해지는
그런 동화 같은 하루를 보내자.

화창한 햇살이 내리쬐는 오후,
빨간 볼터치를 한 토마토들이
대롱대롱 매달려 있어.

"나는 얼마나 더 자랄까?"
"나는 언제쯤 더 빨개질까?"

저마다 사연을 담고
어떤 아이는 더 푸르게,
어떤 아이는 더 붉게 자라고 있지.

뿌뿌! 토마토 기차가 지나갑니다.
이번 역은 토마토 역입니다.

종착역에 다다를 때까지
토마토들은 힘을 내서
오늘보다 내일 더 무르익을 거야.

가만히 눈을 감고 숲속의 자연을 느껴 봐.
바스락거리는 이파리 소리,
솔솔 불어오는 향긋한 허브 향,
우수수 떨어진 도토리들,
그리고 작은 곤충들의 버섯 쉼터까지.

토끼들은 숲속 곳곳에
좋아하는 것들을 고이 모아.
이곳은 토끼들의 행복으로 가득 찬 보금자리야.

직접 텃밭을 가꾸며
정성껏 기른 채소들과 다육식물을 판매하는
작고 소박한 가게가 있어.

다정한 미소와 함께
채소 하나를 슬쩍 더 담아 주시는
아주머니의 마음이
장바구니 사이사이에 스며 있는 듯해.

그래서일까,
나도 모르게 내 발걸음은
어느새 다시 그곳을 향하게 돼.

탱글탱글 싱싱한 감귤들이
주렁주렁 열린 감귤나무 숲으로 놀러 와.

직접 수확하는 즐거움도 느끼고,
햇살 속에서 보람찬 땀방울도 흘리며,
갓 짜낸 달달하고 시원한
감귤주스도 맛볼 수 있거든.

노을을 닮은 주황빛 친구들과
마음껏 웃고 뛰어놀다 보면
어느새 더위도 스르르 사라질 거야.

부끄러움을 잘 타는 토마토,
말수가 적고 새침한 당근,
언제나 당당함을 잃지 않는 오이,
완벽하지 않아도 괜찮다고 말해 주는 옥수수,
누구보다 속이 여린 감자,
어디서든 주목받고 싶어하는 가지.

성격도, 생김새도, 장단점도
모두 조금씩 다르지만
늘 너그럽게 서로를 배려하며 이해해 줘.

사랑하는 친구들만을 위한 디저트를 준비했어.
한 손바닥 안에 쏙 들어오는 아담한 크기일지라도
함께 나누어 먹는 순간,
그 작은 달콤함은
마음을 가득 채우는 큰 행복이 되지.

매일 너와 함께

행복한 시간을 보낼 수 있기를 바라는 마음으로

오늘도 조용히 소원을 빌었어.

너를 떠올리며 정성껏 만든

부드럽고 달콤한 생크림 하트 케이크와 함께

오래도록 품어 온 이 마음을

오늘은 꼭 너에게 전할 거야.

특별한 우리 베이커리를 소개할게.
이곳에서는 고소한 빵 내음이 솔솔 나는
음악을 연주하거든.

초콜릿이 듬뿍 들어간 달콤한 소라빵 나팔과
귀여운 쥐들이 빵의 소리를 풍기며
우리가 먹고 있는 빵의 맛을
한층 더 맛있게 만들어 줘.

조금 더 달게, 조금 더 부드럽게.
우리 베이커리에서는
어떤 맛으로든 연주할 수 있어.

내 뒤에서 언제나 나를 지켜보며
말없이 애쓰고 묵묵히 모든 것을 감당해 준 부모님.

그 마음을 다 헤아릴 수는 없지만
나를 향한 사랑이 얼마나 깊고 넓은지
이제야 조금씩 느껴요.

오늘은 세상에서 가장 포근한 그 품에 안겨
진심을 담아 사랑한다고 말하고 싶어요.

가까이 있을수록 더 편안해지고
함께 있는 것만으로도 마음이 놓여.

굳이 무언가를 하지 않아도,
아무 말 없이 옆에 있어 주기만 해도
내 하루가 한결 온화해져.

토닥토닥, 괜찮아.
오늘 하루도 참 잘 버텼어.

지치고 힘든 날엔
네 마음이 다 가라앉을 때까지
아무 말 없이 곁에 있을게.

그러니까 오늘은
잠시 나에게 기대도 괜찮아.

우리가 함께한 소소한 일상들을
사진으로 하나씩 남겨 두면
시간이 흐를수록
평범했던 순간들이 더 특별하게 다가와.

그때는 몰랐지만
돌아보면 참 다정하고 고마운 하루였어.

어디로 가야 하는지 정해진 길을 따라가지 않고
드넓은 황야를 자유롭게 달리고 싶어.

잠시 멈춰 오아시스의 맑은 물을 마시고
머릿속을 가득 채운 복잡한 생각들은 잠시 내려놓은 채
하늘을 떠도는 구름처럼
마음껏 나만의 상상을 펼칠 거야.

타닥타닥.
하루를 마무리하며 너에게 편지를 써.

오늘 너의 하루는 어땠어?
힘든 일은 없었어? 나에게 다 이야기해 줘.

오늘도 애썼을 너를 떠올리며
남은 하루가 평온하길 바라는 마음을 담아
한 자 한 자, 꾹꾹 진심을 눌러 적어 내려가.

작은 별사탕들이
밝게 빛나는 초승달을 향해
하나둘 사뿐히 내려와.

우리의 이야기를 살며시 들어 주고
어두컴컴한 밤하늘 위에
그 소원들을 반짝이며 수놓아 줘.

조금만 더 기다리면
우리의 바람도 곧 이루어지게 될 거야.

새들은 창가에 앉아
이웃들이 졸린 눈을 비비며
아침 일찍 일어나기 힘들어하는 모습을
종종 지켜봐 왔어.

그래서 아침이 오기 전날 밤이면
새들은 목을 풀고 노래 연습을 하며
다가올 아침을 차분히 준비하고 있을지도 몰라.

그러니 이제는
아침잠에서 잘 깨어날 수 있도록
새들의 활기찬 노래에
가만히 귀를 기울여 보자.

가뿐하게, 그리고 기분 좋게
오늘 하루를 시작할 수 있을 거야.

마음속에 긍정의 씨앗을 심으면
잡다한 생각들로 무성하던 잡초는
어느새 살며시 솎아지고,
뿌리를 내린 마음은
다정한 줄기를 키워 내며
그 끝엔 친절한 이파리가 돋아나.

그리고 마침내
배려심 가득한 꽃들이 활짝 피어나면
정겨운 정원으로
너희들을 초대할 거야.

화려한 선물 같은 날이 아니어도 괜찮아.
우리가 다 같이 모여 맛있는 음식을 만들고
함께 둘러앉아 오순도순 이야기를 나누며
즐거움을 함께 나눌 수 있다면
그 자체로 이미 멋진 파티가 되는 거니까.

그러니까 지금 이 순간
우리는 이미 충분히 멋진 하루를 보내고 있는 거야.

어서 와, 도토리 마을에 온 걸 환영해.
풀밭에서 마음껏 뛰어놀고
도토리나무 사이를 거닐어 봐.

나무 침대에 누워 달콤한 낮잠을 자도 좋고
도토리 집에 들러 빵과 우유를 맛봐도 돼.

이곳 숲속 보금자리에서는
모든 게 자유롭고, 무엇이든 괜찮아.

참나무잎들이 도토리와 부딪힐 때마다
찰랑찰랑 맑은 소리를 내며
우리에게 인사를 건네고 있어.

주문하신 케이크 편지가 도착했습니다.
초코 생크림 케이크 위에
상큼한 베리 향을 얹어
달콤한 글 한 조각을 담아 보냈다고 해요.

케이크 편지 작성하는 방법

곧 기념일이 다가오고 있나요?
그 사람이 좋아하는 맛과 어울리는 향을 골라
그동안 차마 꺼내지 못했던 이야기들을
조심스레 녹여 담아 보내 보세요.
오직 한 사람을 위한
소중한 케이크 편지가 완성될 거예요.

소중한 이들에게 따뜻한 마음을 전하며
한 해를 천천히 마무리하러 가는 길.

힘든 순간마다 건네받은
다정한 말 한마디와 조용한 응원은
작은 용기가 되어 나를 다시 일으켜 세웠고
긴 시간을 무사히 지나오게 만든
든든한 힘이 되었어.

아마도 한 해를 잘 견딜 수 있었던 건
그런 마음들이 곁에 있어 주었기 때문이겠지.

이번 크리스마스에는 누구에게 선물을 줄까?

부모님 말씀을 잘 들은 착한 어린이?
우리를 위해 열심히 일해 주신 부모님?
논밭을 가꾸느라 애써 주신 할머니, 할아버지?

오늘도 루돌프 산타는
모두의 사연을 하나하나 귀담아들으며
맞춤형 선물을 싣고 밤하늘을 달리고 있어.

혹시 궁금한 게 생겼다면
언제든 산타 마을로 문의해 보세요.

이번 크리스마스의 선물이 무엇일지 궁금하다고요?
쉿! 그건 비밀이랍니다.

창밖으로 노랗고 따뜻한 별빛이
가득 쏟아지는 이 밤,
난로에 불을 지펴 꽁꽁 얼어붙은 추위를 녹였어.

거대한 트리 아래에는 모두가 잠든 사이,
루돌프 산타가 두고 간 선물 상자가
나란히 놓여 있었지.

과연 어떤 선물이 들어 있을까?
두근거리는 마음으로 상자를 열어 보니
그 안에는 말랑말랑하고 귀여운 인형들이
가득 차 있었지.
그 인형들은 또 우리에게 마음을 선물해 주었어.

행복, 사랑, 기쁨, 웃음, 행운, 그리고 건강.
이 세상에서 가장 따뜻한 것들만 골라
담아 놓았더라.

짙은 초록 잎과 빨간 열매들 사이로

화려한 불빛이 반짝이고

멀리서 들려오는 잔잔한 캐롤은

곧 다가올 크리스마스를

자꾸만 더 기대하게 만들어.

케이크 위에는 우리의 추억을 하나씩 얹어

세상에 단 하나뿐인

특별한 케이크를 완성할 거야.

올 한 해 이루지 못해
마음 한 켠에 조용히 남겨졌던 행운들을
차곡차곡 모아 열심히 가꾸어 볼게.

내년엔 그보다 더 반짝이는 행운으로 키워
너에게 꼭 선물할 거야.

하고 싶은 것이 떠오르지 않아
지루하고 따분한 날에는
미지근해진 핫초코에
초콜릿보다 더 달콤한 시간 조각들을 톡톡 넣어
살며시 저어 마셔 보자.

입안 가득 퍼지는 달콤함을 따라
기분 좋은 상상이
거품처럼 몽글몽글 떠오를 테니까.

따끈따끈한 간식을 호호 불어 먹으며
겨울의 별미를 음미하고
내 옆에 있는 너와 함께
이 겨울을 어떻게 재미있게 보낼지
붕어빵처럼 엉뚱한 상상을 나누곤 해.

문득 아무 생각도 하고 싶지 않은 날이 있어.
나를 지치게 하는 것들로부터
잠시 벗어나고 싶은 그런 날.
하늘을 올려다볼 틈도 없이 달려온 나에게
푸르름을 선물해 주고 싶은 날.

흘러가는 구름을 타고 바라본
고요한 동화 같은 마을이
잠시나마 나의 세상이 되어
그곳에 머물 수 있다면 얼마나 좋을까.

겨울이 다가오면
토끼 할머니는 포근한 마음을
한 땀 한 땀 떠서
우리를 따뜻하게 감싸 줄
스웨터를 만들어.

할머니의 옛날이야기를 들으며
나날이 두터워지는 털실을 바라보는
이 시간이 참 소중해.

밤이 길어져서 참 다행이야.

할머니가 따뜻한 마음을 스웨터에 녹여
정성껏 만든 걸 아는지,
찬바람도 스웨터에 살짝 안겨
차가운 마음을 녹이고 가.

덕분에 이번 겨울은
오래도록 아늑할 것 같아.

오늘의 디저트는
평범한 오늘을 특별한 내일로 만들어 줄
폭신폭신한 마시멜로가 듬뿍 담긴
부드럽고 촉촉한 스모어 쿠키.

지친 하루의 끝에서
너의 마음도 조금은 더 말랑해지기를.

상큼한 디저트를 한입씩 먹으면
딱딱하게 굳은 마음도 사르르 녹아내려.
오늘은 어제와는 또 다른
행복을 담아 디저트를 만들어 줄게.
그리고 내일은
모든 일이 잘 풀리는 행운을 담아 선물할 거야.

뽀얗고 시원한 얼음 빙수 위로
부드러운 시럽이 천천히 흘러내리고
콕콕 박힌 과자들은
미끄러지지 않도록 자리를 지키고 있어.

차가운 듯 보이지만
속으로는 온기를 머금고 있는
눈꽃가루 흩날리는 하얀 겨울이
왠지 오늘은 유난히 더 따뜻하게 느껴져.

보드라운 이불을 덮은 채
따끈한 온돌바닥에 몸을 뉘어
녹차를 데워 마시기도 하고
귤껍질을 조심스레 벗겨
알맹이를 하나씩 떼어 먹기도 해.

향긋한 녹차 향과
상큼한 귤 향이
방 안 가득 퍼지는 걸 느끼며

이런 게 바로
겨울에만 누릴 수 있는
작은 천국이 아닐까 싶어.

마을에 있는 골동품 잡화점에서는
쥐들이 아주 특별한 숨바꼭질 놀이를 해.

"여보세요! 어디 있나요?"
"할머니가 50년 동안 쓰시고
고이 간직한 빨간 물건 뒤에 있어요."

서랍장 안에는
할머니의 추억이 담긴 소중한 골동품들이
조용히 숨 쉬고 있어.

여기에는 그리움,
저기에는 기쁨,
그리고 또 다른 서랍 속에는
할머니의 어린 시절이 모여 있지.

다음에는 또 어떤 추억이
우리에게 올까?

어슴푸레 어둠이 내려앉은 밤,
꿈들이 길을 잃지 않도록
조명을 켜 두고 누웠어.

오늘은 창밖에서
어떤 꿈들이 놀러 올까?
어디쯤에 있는 꿈나라로
나를 초대해 줄까?
어쩌면 책 속에서 보았던 주인공들을
만나게 될지도 몰라.

즐거운 상상으로
어느새 방 안이 더욱 환해졌어.

한겨울, 차가운 바람을 견디느라
정말 수고 많았어.

동백꽃 향이 솔솔 피어오르는
향긋한 차 한 잔에
얼어 있던 몸과 마음을 녹여 봐.

겨울의 끝자락을 알리는 동백꽃들이
살랑이는 봄바람을 데려올 거야.

소복소복 내린 눈이
온 세상을 감싸안아 주는 겨울.

보드라운 목화솜을 넣어
나를 위해 한복과 토끼 인형을 만들었어.

어떤 모양인지, 어떤 의미인지는 중요하지 않아.
나에게 주는 선물은 나만을 위한 거니까.

이제 이 기억으로
남은 겨울은 더 따뜻할 거야.

복잡하게 얽힌 생각과 걱정들은 잠시 내려놓고
저 멀리서 너를 부르는 밝은 세상을 바라봐.
몸이 점점 가벼워지고, 마음도 한결 편안해질 거야.

행복은 언제나 가까이에 있어.
네가 진심으로 바라기만 하면 돼.

곧 새해가 밝아 올 거야.
우릴 향해 반짝이는 보름달을 향해
소원을 빌어 봐.

그리고 너에게 말해 줘.
올 한 해도 정말 수고 많았다고.
어제의 경험을 거름 삼아
너는 더 눈부시게 빛날 거라고.

새로 떠오르는 해는
우리의 내일을 더 환하게 비춰 줄 거야.
내년에도 잘 부탁해.

환한 노란 빛으로 세상을 비추는 새해 첫날,
보슬보슬한 털로 서로를 감싸 안으며
작은 온기를 나누어 봐.

그 따뜻함이 마음속까지 전해질 때
차갑기만 하던 하얀 눈밭도
어느새 포근한 이불처럼 느껴질 거야.

다정한 마음은 어떤 추위도 녹일 수 있어.

올해는 어떤 행복들이
나를 찾아올까?

조금 느려도,
조금 멀리 돌아가도 괜찮아.
조급해하지 않아도 돼.
행복은 언제나
가장 꼭 맞는 순간에 찾아오니까.

지금은 그저
나를 믿고 한 걸음씩 나아가면 돼.

언제 어디서든
너의 모든 걸음을 늘 응원할게.

Epilogue

주변 동네를 거닐다 보면 어느새 지도를 켜고 가장 먼저 공원을 찾게 됩니다. 건물이 즐비한 도심에서 바삐 지내다가도 벤치에 앉아 사계절 옷을 갈아입는 나무들을 바라보며 나뭇잎 사이로 스며드는 숨결에 조용히 귀를 기울이고 있으면, 문득 보이지 않던 자연의 얼굴이 떠오르곤 해요. 그러다 보면 보들보들한 털로 뒤덮여 어딘가 둔해 보이지만 느긋하게 풀밭을 거니는 커다란 곰 한 마리가 눈앞에 그려지기도 합니다.

바쁘게 흘러가는 하루 속에서 잠시나마 포근한 여유를 만끽하고 싶었습니다. 소박한 자연 마을에서 몽글몽글한 일상을 살아가는 동물들의 이야기를 한 장의 그림에 담아 보고 싶었어요. 동물들은 언제 어디서든 행복하게 웃고 있지요. 책의 마지막 페이지를 넘길 때까지 독자들의 입가에도 웃음이 머물기를, 그리고 소중한 위로와 행복한 꿈이 전해지기를 바랐습니다.

추운 겨울이 지나고 핑크빛 벚꽃으로 물든 나무들을 바라보고 있노라면 눈으로만 담기엔 사뭇 아쉬운 마음이 듭니다. 그래서일까요. 벚꽃 사이로 흘러드는 햇살과 함께 사랑스러운 봄날을 사진으로 꼭 남기고 싶어져요. 땀이 맺히는 무더운 여름날과 축축한 장마철을 지나고 나면 에메랄드빛 바다를 바라보며 시원한 칵테일 한 잔을 즐길 수 있는 푸르른 여름휴가가 그리워집니다. 기나긴 여름을 배웅하고 난 뒤에는 울긋불긋 물든 단풍나무와 은행나무를 올려다보며 바스락거리는 낙엽 위로 정겨운 발걸음을 내딛게 되죠. 올 한 해도 잘 버텨 준 나 자신에게는 마시멜로를 띄운 부드러운 코코아 한 잔으로 따뜻한 위로를 건네고, 거리마다 짙은 초록 잎과 빨간 열매로 물든 풍경 속에서 반짝이는 크리스마스를 그 어느 때보다 특별하게 맞이하게 됩니다.

매년 어김없이 돌아오는 계절이지만 매번 또 다른 감정들이 피어오릅니다. 매일같이 흐르는 일상 속에서도 오늘은 어제와는 또 달라서 특별하고, 그래서 더 소중하게 느껴져요. 이 책의 마지막 장을 덮고 다시금 기억에 남는 장면과 글을 들여다볼 때도 그때는 미처 느끼지 못했던 감정과 상상이 펼쳐질지도 몰라요.

그림 한 장면마다 따뜻한 글감으로 표현해 낼 수 있도록 도와주신 모든 분들께 감사드립니다. 멀리서 응원의 마음을 보내 주시고 지금의 자리까지 올 수 있도록 힘이 되어 주신 분들께도 진심으로 감사의 마음을 전합니다.

어제도, 오늘도 충분히 괜찮은 하루였고
내일은 오늘보다 더 빛나는 하루가 될 거예요.

오늘도 충분히 괜찮은 하루야

1판 1쇄 발행 2025년 07월 09일
1판 2쇄 발행 2025년 09월 05일
1판 3쇄 발행 2025년 12월 08일

지 은 이 효니

발 행 인 정영옥
편집총괄 정해나
기획편집 박주선
디 자 인 이정아
마 케 팅 정지은 원희성 함유진 김형준 박설빈
출판영업 강도원

펴 낸 곳 (주)부크럼
전   화 070-5138-9971~3(도서기획제작팀)
홈 페 이 지 www.bookrum.co.kr
이 메 일 editor@bookrum.co.kr
인스타그램 @bookrum.official
블 로 그 blog.naver.com/s2mfairy

ⓒ 효니, 2025
ISBN 979-11-6214-571-5(03800)

• 파본은 구입하신 서점에서 교환해드립니다.
• 이 책은 주식회사 부크럼과 저작권자와의 계약에 따라 발행한 것이므로 본사의 서면 허락 없이는 어떠한 형태나 수단으로도 이 책의 내용을 이용하지 못합니다.
• 오탈자 및 잘못 표기된 부분은 위 이메일 주소로 보내주시면 감사하겠습니다.